Foto

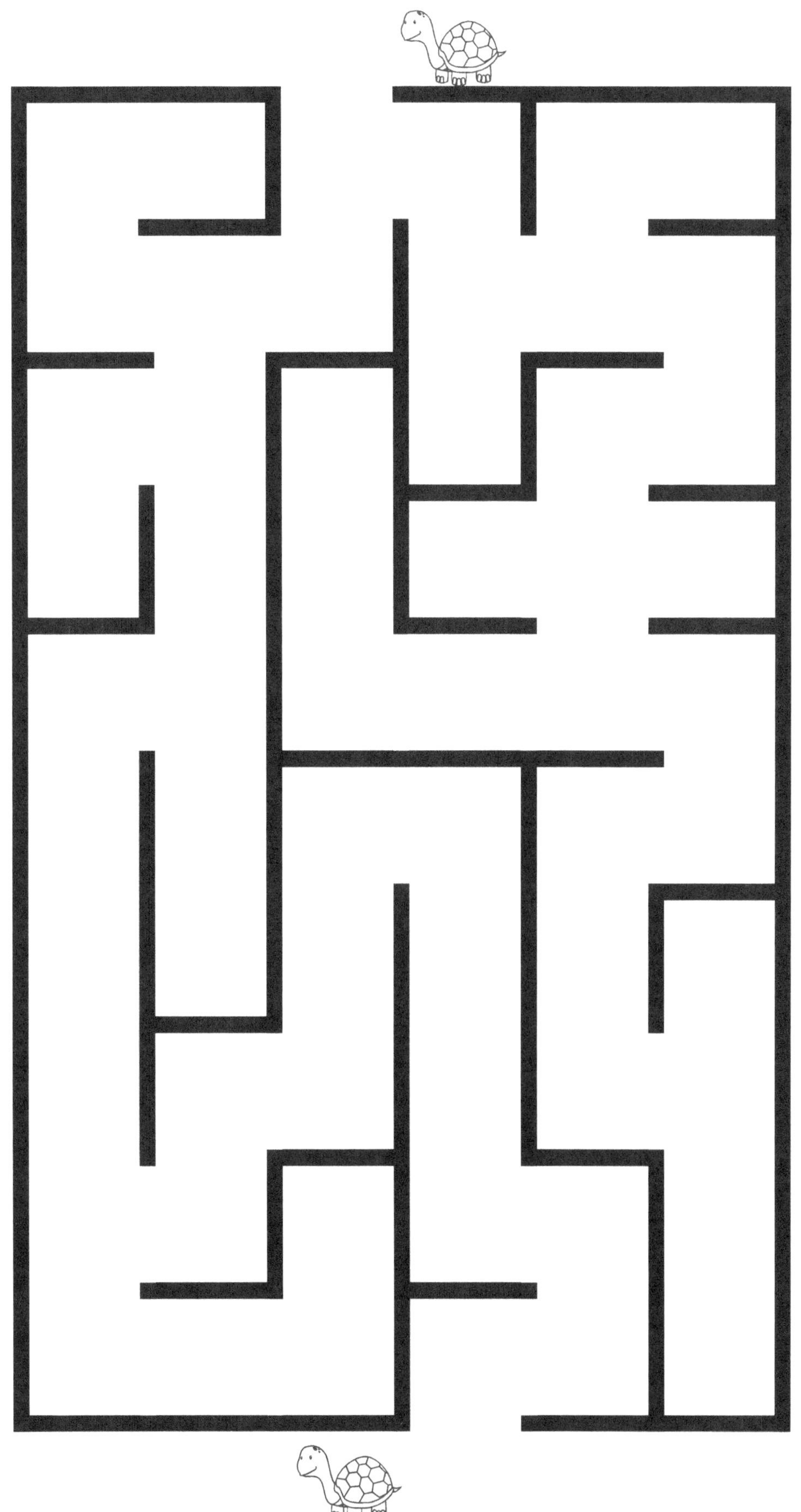

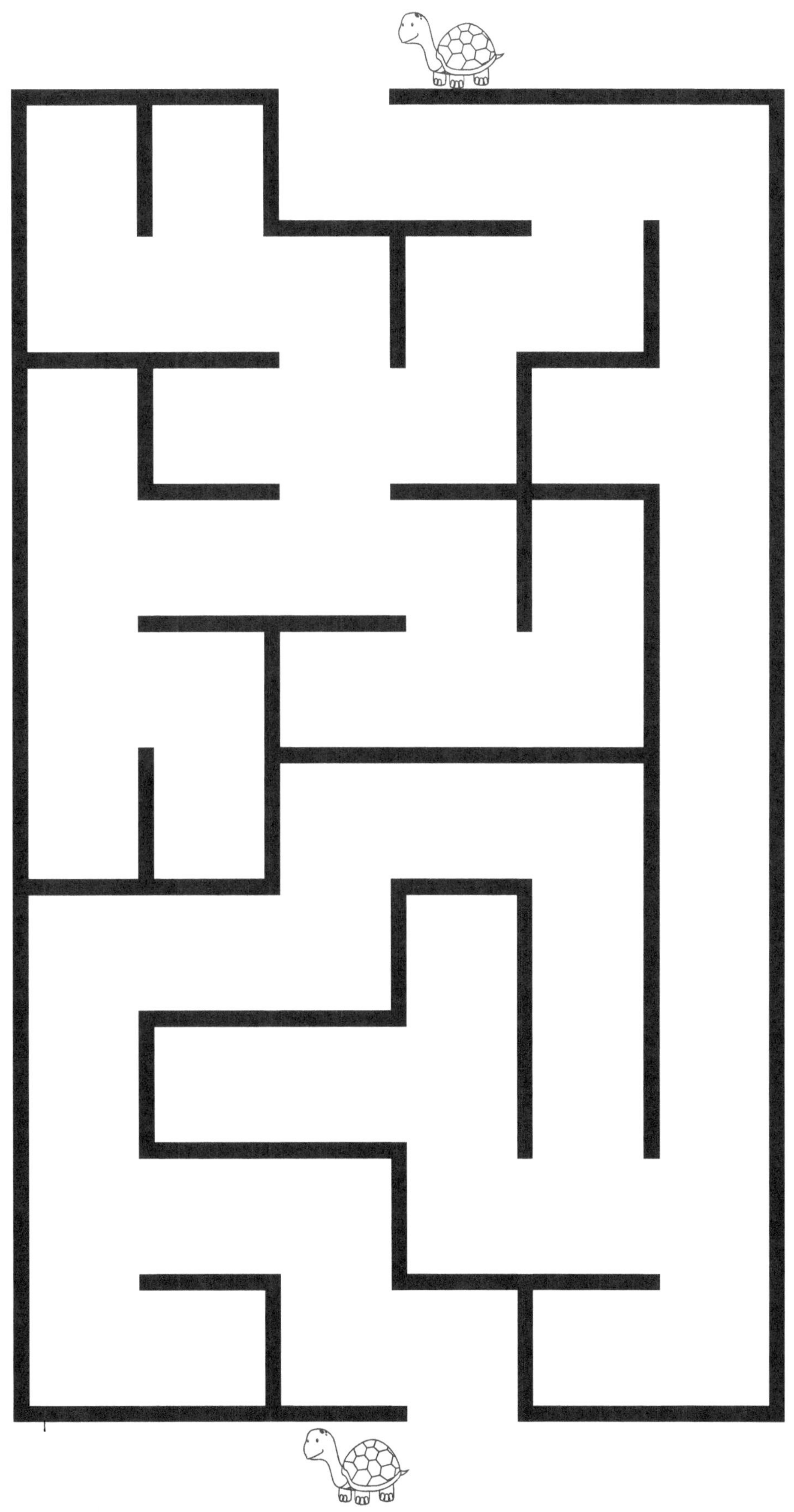

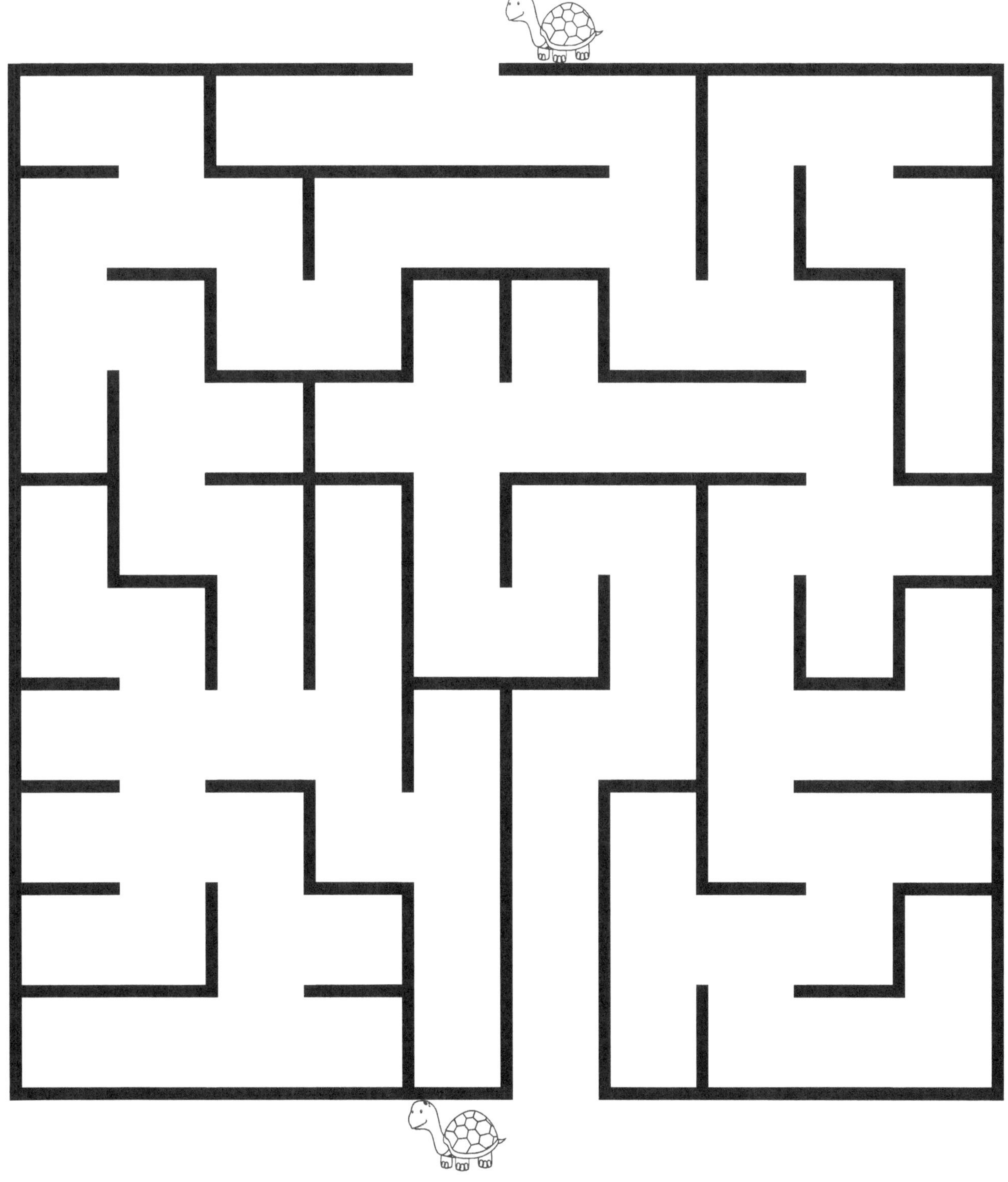

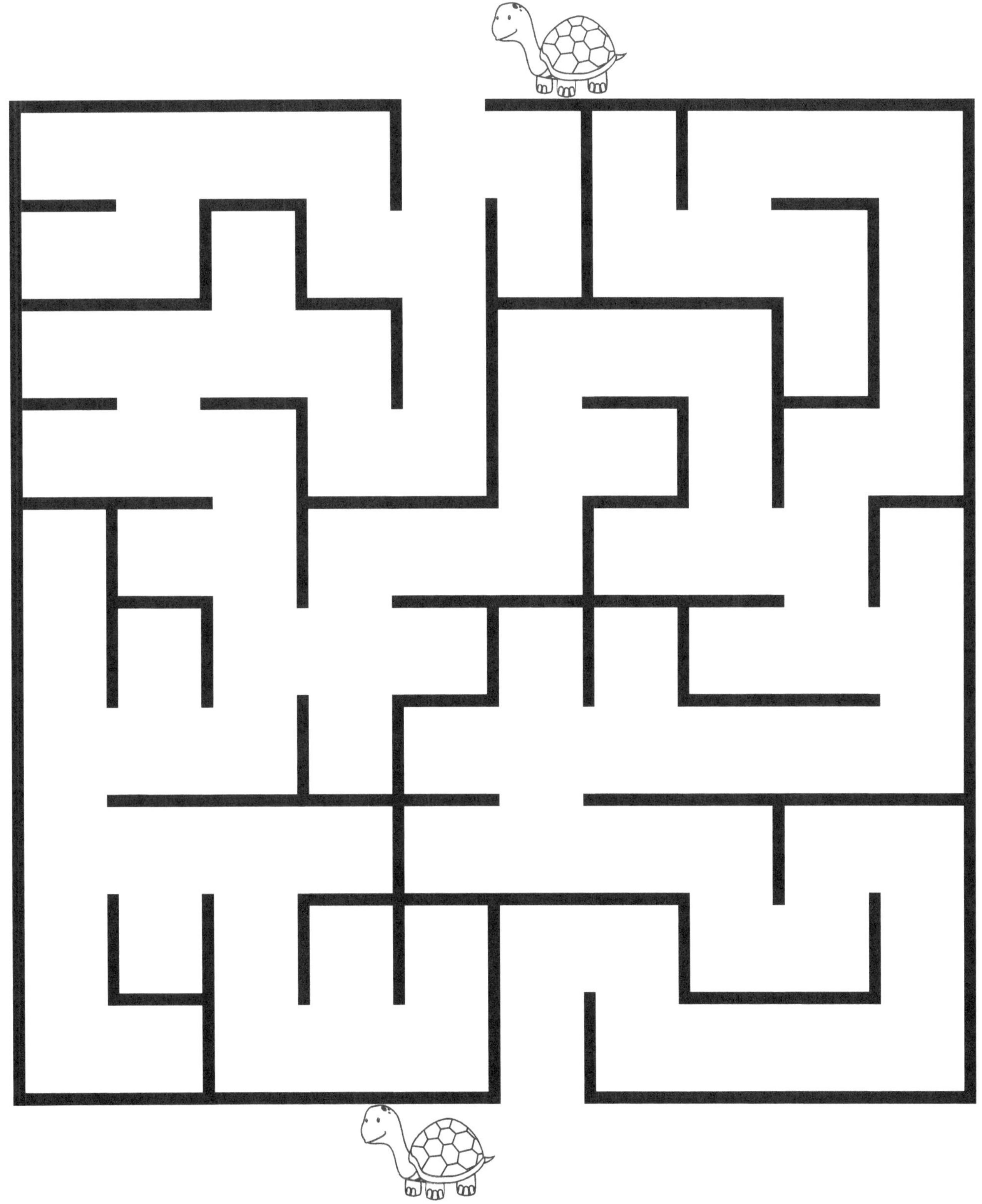

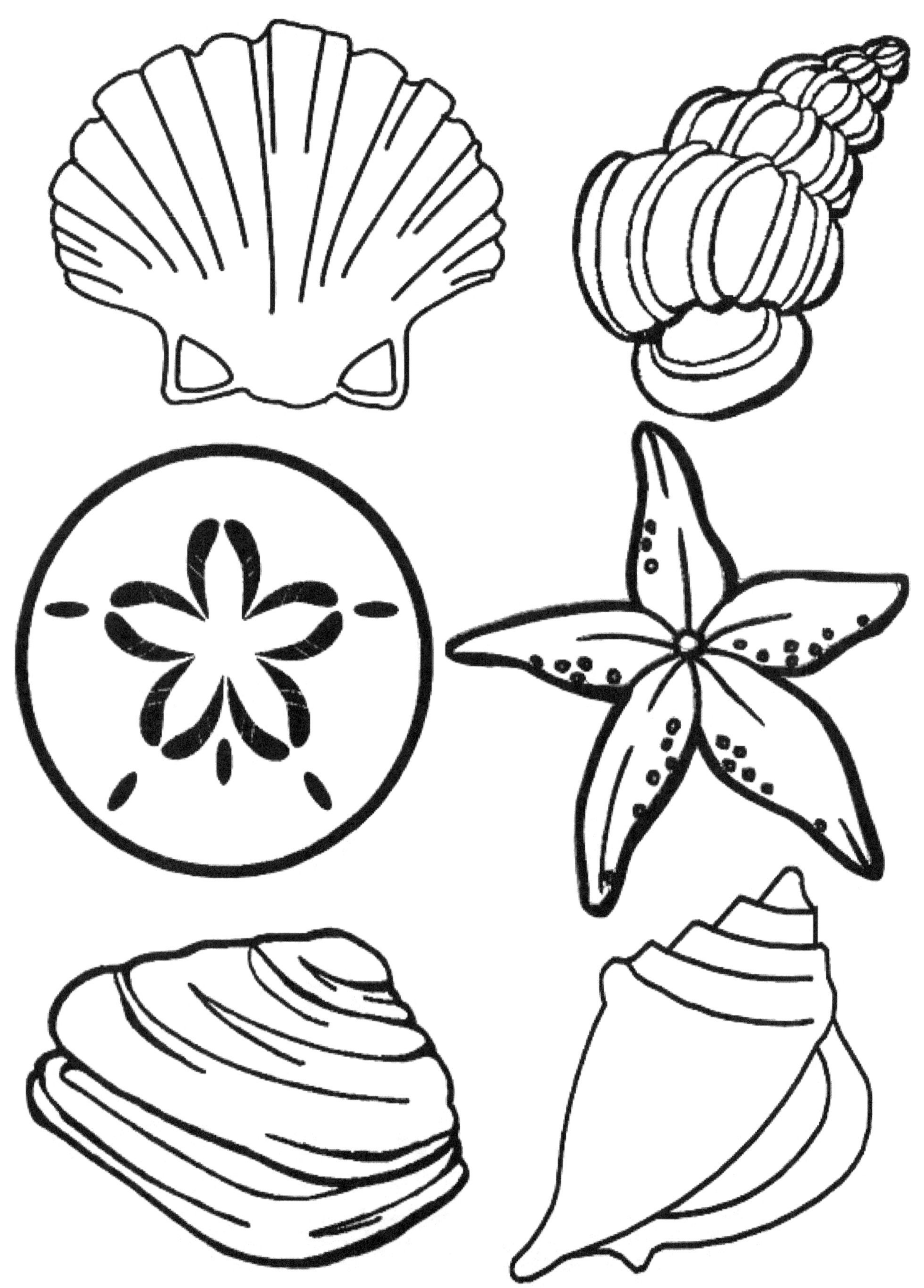

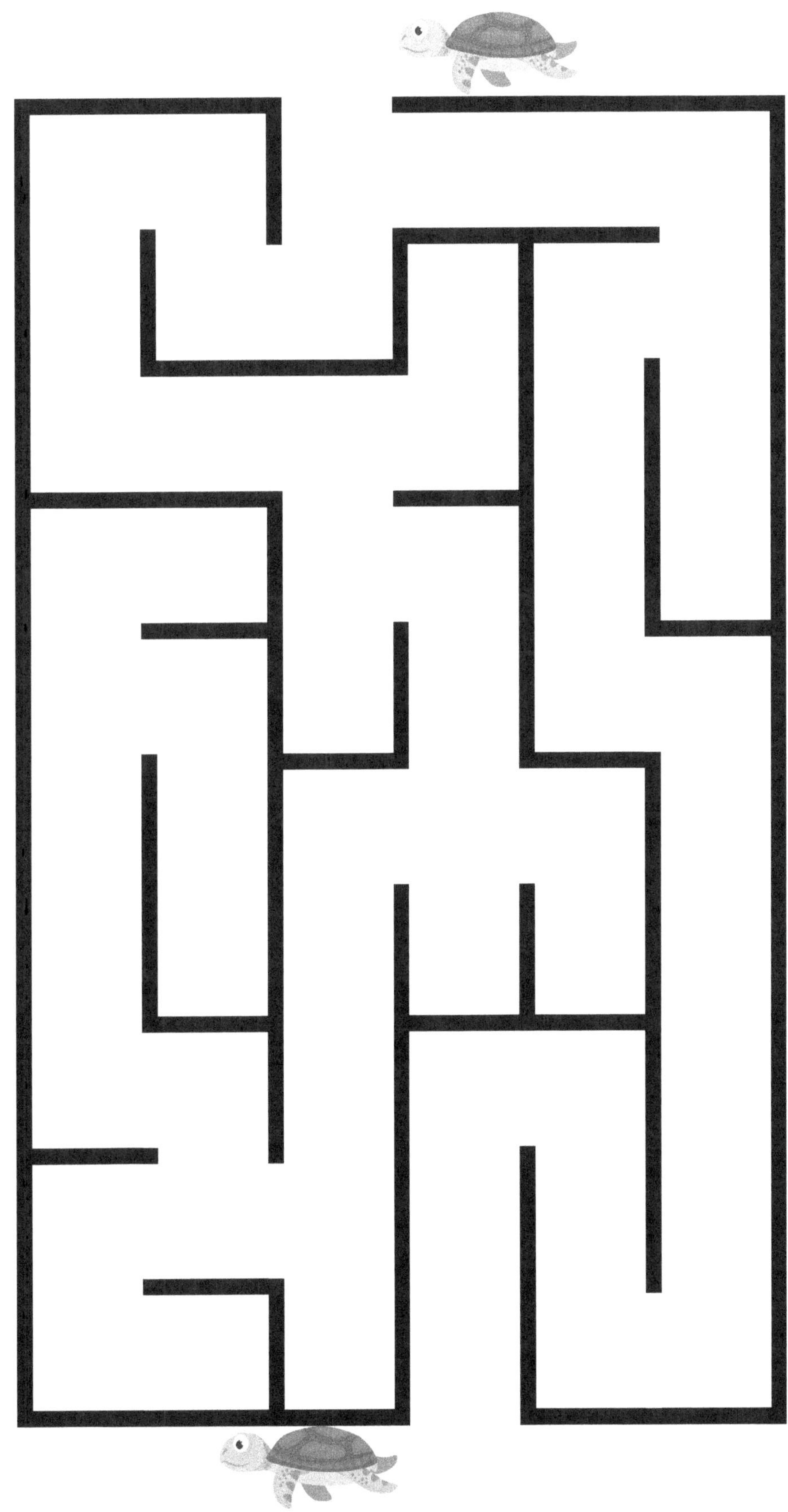

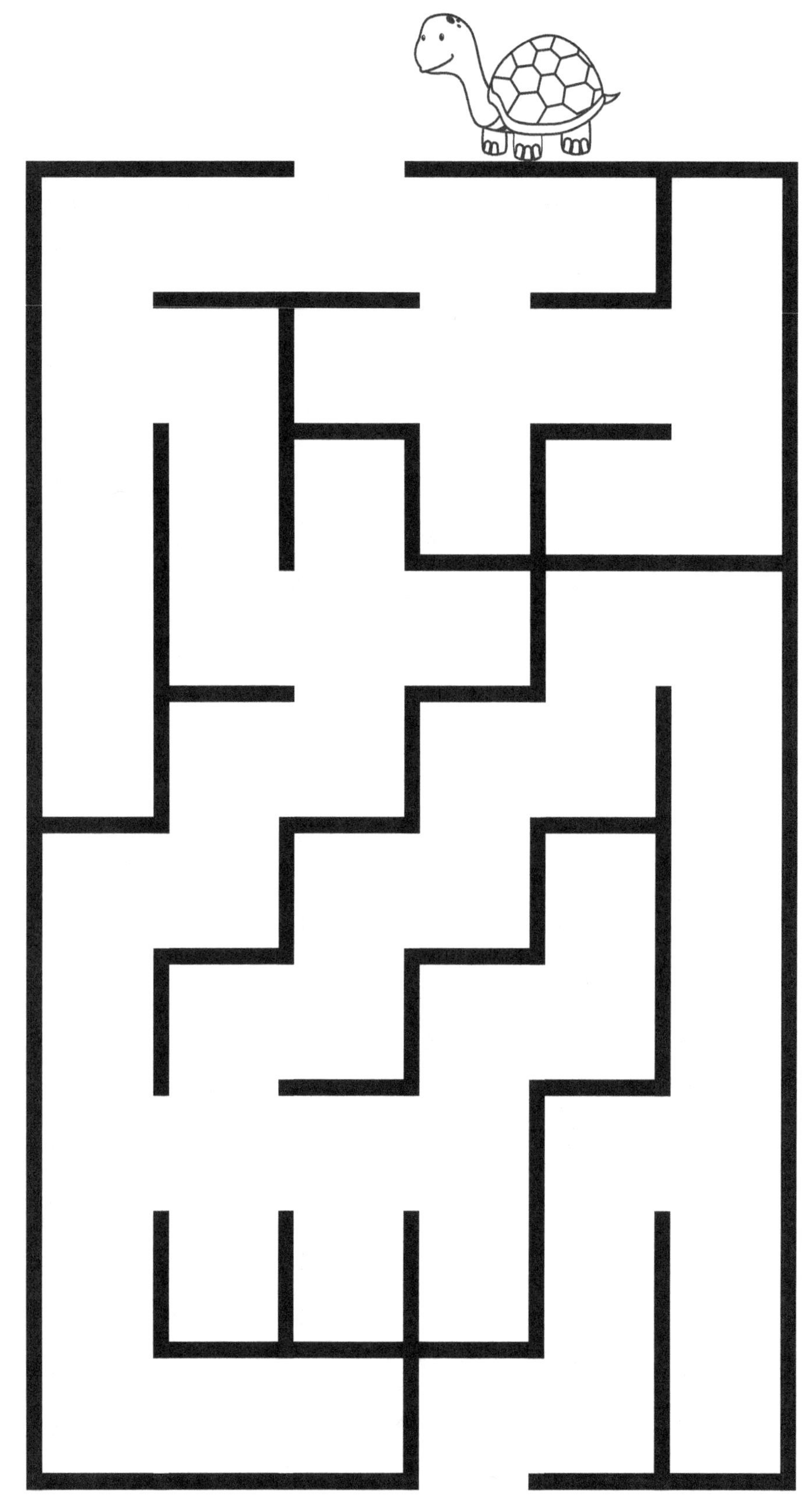

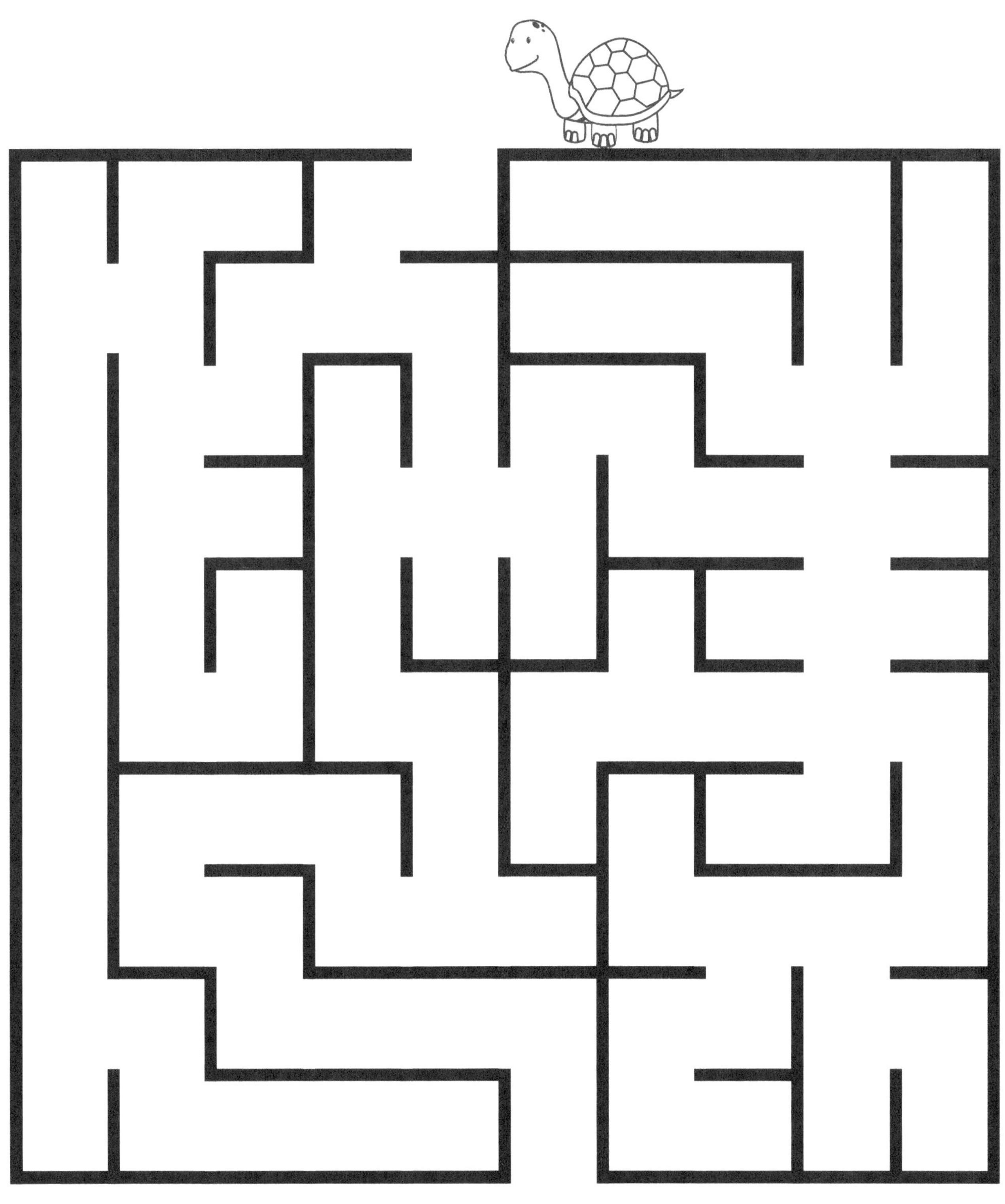

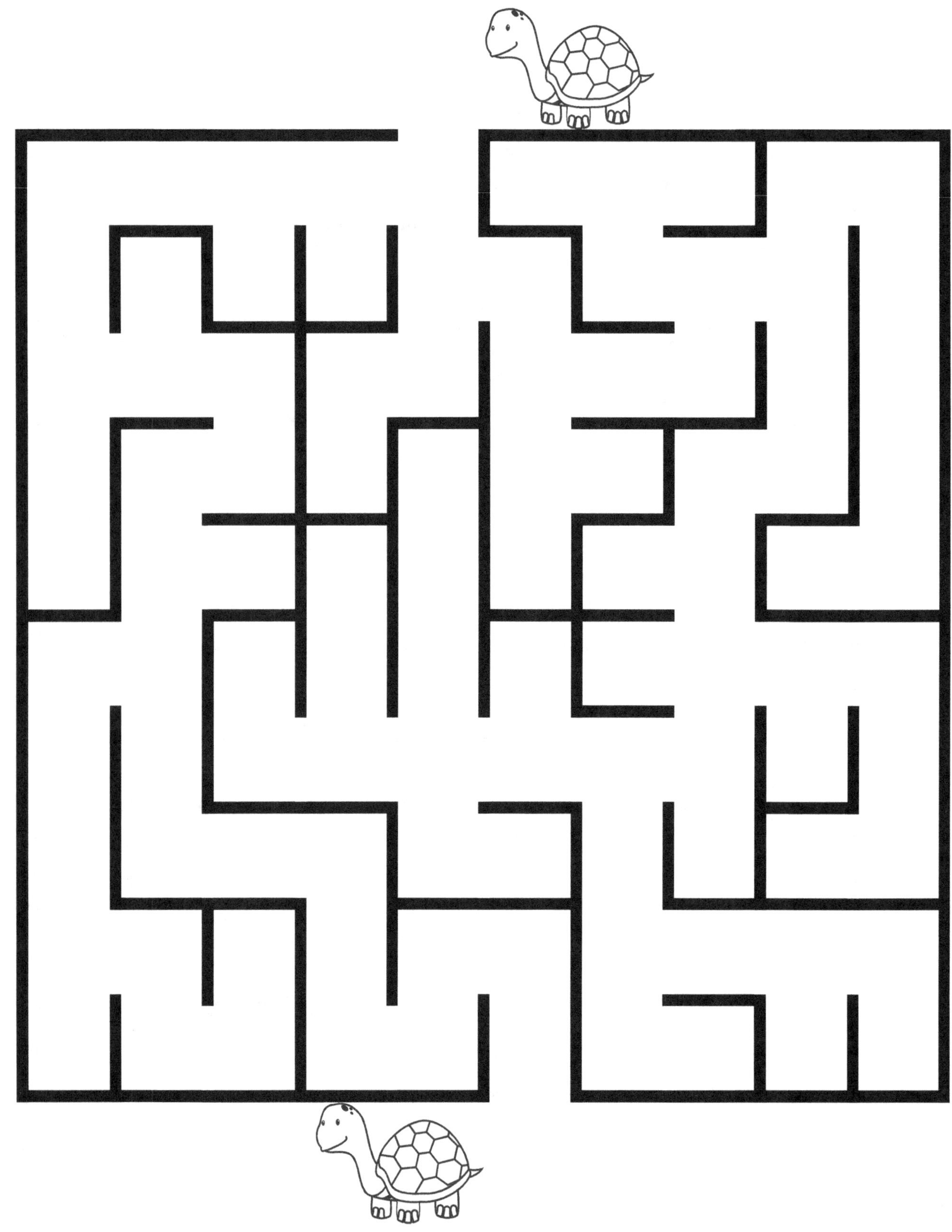